RÊVERIES, POÉSIES...

MARIA LHERMENIER-RAZY

RÊVERIES, POÉSIES...

LE VOYAGE DES ÂMES

Édition : BoD – Books on Demand

12/14 rond-point des Champs-Élysées, 75008 Paris

Impression : Books on Demand GmbH, Norderstedt, Allemagne

ISBN : 978-2-3221-7214-6

Dépôt légal : mai 2019

Préface

Rêver...

« Cette inaccessible étoile
Ce monde rêvé
Dans toute sa diversité
S'en inspirer...
Faire vivre le spirituel
Pour rendre la réalité plus belle »

Maria

*À mes proches et mes amis qui se reconnaîtront,
ceux qui diffusent l'amour et la vie...*

À l'intention de Paul...

1 – SAISONS, NATURE ET ANIMAUX

JOUR ET NUIT EN ÉTÉ

Une journée
Dans la chaleur en été
Vivre aujourd'hui
Le jour, à l'abri
Du soleil écrasant
Soulagé par le vent
Protégé par l'ombre

Dans la nuit sombre
Régénératrice et bienfaisante
Je suis couchée
Mes pensées s'enfuient
Le sommeil vient
Léger, léger, l'esprit...

ÉTÉ

Journée de soleil
Ciel bleu azur
Brise dans les arbres
Chaleur et brûlure

Tape sur la peau
Besoin de chapeau
L'été cette année
Est bien entamé

Les manifestations
Sont nombreuses en cette saison
Les familles
Sur les plages fourmillent
Profitez les amis
Du mois d'août qui finit

AUTOMNE[1]

Le vent souffle
Les feuilles tourbillonnent
Jaunies.
Les arbres entrent en léthargie
Les branchages sont dégarnis

Les animaux font leurs réserves
Avant l'hibernation.
Les humains,
Ballottés par les saisons,
Ralentissent.
Les journées raccourcissent
Les organismes
Fatiguent plus tôt

Nos amours,
Tout en nuances,
Traversent les oscillations des sentiments

Et les battements de nos cœurs,
Bercés par les pluies et les vents,
Fredonnent à l'unisson

---

[1] Dans *Nouvelle Vie, Poésie...*, p. 21.

CIEL D'HIVER [2]

Ciel bas
Corbeaux dans les arbres
Et tournoient

Les mots se cherchent
Et trouvent des blessures
Le ciel pâle et gris
Déprime d'hiver, rend la vie dure

Il a plu aujourd'hui
L'eau, c'est la vie
Mais pas d'éclaircie
C'est le jour qui s'enfuit

Pourtant l'espoir pointe :
Vient le jour suivant,
Les mains jointes
Vers le ciel comme un présent

---

[2] Dans *Amitiés*, p. 10.

LUMIÈRES D'HIVER

Coucher de soleil en hiver
Les branches effeuillées
Viennent se refléter
Sur le canal offert

Des couleurs légères,
Filtrées et effilées
Par de tendres nuages
Bleus, rouges et orangés
Doucement mélangés,
Éclairent un paysage
À nos yeux émerveillés...

REVOICI LE PRINTEMPS

Aube doucement ensoleillée
Horizon nuageux
Dans un ciel lumineux

Les arbres vert tendre
Les fleurs sur les chemins
Les oiseaux qui piaillent
Se chamaillent

Revoici le printemps
Une année, poésie
Que grâce à toi, je revis

Tandis que l'eau
Coule dans les ruisseaux
Les animaux chantent l'amour
Et la nature se pare de ses plus beaux atours

Je consacre un peu de temps
À te fêter, Ô printemps
Pour te remercier
De nous inspirer !

CHAT MON AMI[3]

Chat, mon ami
Tu es mon quotidien
Chiens et autres lapins
Vous êtes dans ma vie

C'est vrai, il y a la poésie
Cette belle musique
Terrible ou mélancolique
Tendre ou romantique

Mais Animal, toi
Tu ne réveilles pas l'instinct
Mais le côté humain
Au plus profond de moi

Paradoxe qui donne à réfléchir
Tu m'aides à repartir
Et quand les hommes sont aigris
Tu me consoles, tu me guéris

---

3 Dans *Amitiés*, p. 8.

Certains sont des lumières dans la nuit
Ils éclairent la vie
Je retrouve l'espoir de faire de l'humain tant redouté
L'Ami dont j'ai toujours rêvé

Mais je n'oublierai pas
Mon ami le Chat
Tout le bonheur que tu m'apportes
Ouverture sur la vie en quelque sorte...

AU CREUX DE MOI

Au creux de moi, lovée
Tu es couchée.
Contre mon ventre
Tu passes la nuit
Sans bouger.
Tu ne demandes rien
Qu'un peu d'amour et de chaleur.
Toi ma Mimie,
Tu entretiens la petite flamme
Plus que l'amitié

MA MIMIE

Chérie d'amour
Qui fait des tours et des détours
À travers le bois et les cartons
Dans l'atelier de la maison
Qui vient se frotter à mes jambes
Et d'un coup devant moi vient s'étendre

Attendant caresses et câlins
Dans toute sa tendresse...
... En gardant sa noblesse
Nonchalamment sur son chemin

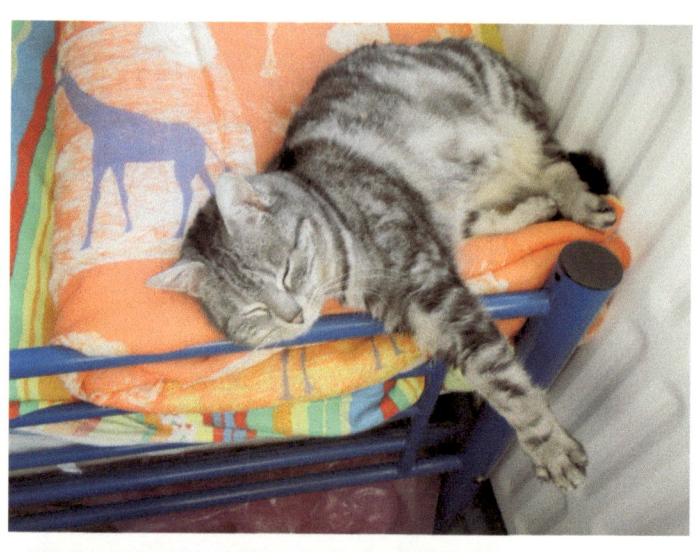
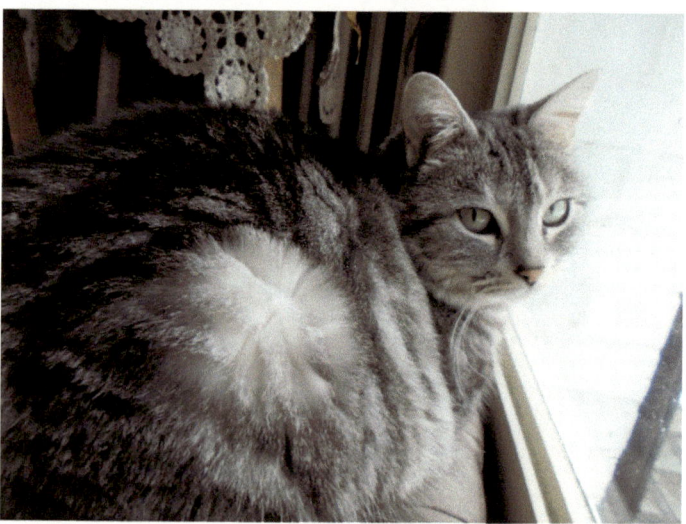

2 – TABLEAUX POÉTIQUES

L'ÉTOILE[4]

Accrocher une étoile
Trouver un sens à l'univers
Saisir le vent dans la voile
Avoir un repère

Retrouver la joie de vivre
L'espoir en ligne de mire
Certes sans illusions
Mais son rêve comme bastion

Pourtant la vie c'est avancer
Marcher dans la réalité
Une lueur apparaît
Dans nos cieux étoilés

---

4 Dans *Amitiés*, p. 14.

SILENCE[5]

Silence
Tu es rare, unique
Comme un espace immense
Que seul on visite

Silence
Tu es cette pensée intime
Ce lieu où tout prend sens
Où je trouve mes rimes

Silence
Précieux comme une pierre
Tu es une chance
Et garde ton mystère

---

[5] Dans *Amitiés*, p. 25.

CHANTS D'OISEAUX

Le vol de l'oiseau, l'aile sous le vent
Dans les lumières du soleil couchant
Son chant doucement s'évaporant
Dans l'air rafraîchissant

Les couleurs du ciel,
D'un bleu léger,
D'un rouge vermeil...

Et les nuages s'étiolant
Avant de disparaître derrière la nuit tombante
Le silence naissant
Quand les oiseaux cessent leurs chants...

LE VOL DES OISEAUX

Capter le chant dans le vent
Le vol de l'oiseau
Dans le ciel, en haut
Mais pas trop

Pour s'approcher de la terre
Effleurer les humains
Sans jamais prendre leurs chemins
Venir manger dans les jardins
Fruits, insectes et grains

Mais garder le mystère
S'envoler vers le ciel
Sourire au destin
Et s'en aller
En liberté...

CHEMIN FLEURI

Sur un chemin de campagne
Nous avons contemplé les fleurs
Fleurs de jardin ou fleurs sauvages
Dans les champs de blé vert

Les libres coquelicots
S'étendent à perte de vue
Cohabitant avec les marguerites
Tandis que les rosiers
Fiers et dressés
Croisent les azalées
Ébouriffées

Les rhododendrons
Se mêlent aux chardons
Tandis que les hortensias
Font place aux mauves lilas

Les beaux iris
Et le royal lys
Côtoient le jasmin
Embaumant le chemin

... Puis nous sommes rentrés
Par ce spectacle enchantés
Ainsi prend fin
Ce floral refrain !

LA VIE

La Vie,
Comme l'oiseau sur la branche
Exposé à la brise ensoleillée
Ou à la tempête sous la pluie

Qui se joue du vent
S'envole vers d'autres pays
Où le ciel est plus clément
Foisonnants de vie

UN RAYON DE SOLEIL

Un rayon de soleil
A traversé les nuages
En fin d'après-midi
A éclairé la vie

Si évidente pour certains
Difficile pour d'autres
Chacun suit ses chemins
Qui parfois se rencontrent

Un rayon de soleil
A traversé les nuages
En fin d'après-midi
La brume de mes yeux s'est évanouie
Comme une embellie

LUMIÈRES BLANCHES

Un rayon de lune dans la nuit
Une brise dans les branches
Douce et rafraîchissante
Quelques perles de pluie
Un souffle sur ma vie

Une claire lumière
La tempête sur la mer
Au loin
Ont emporté
Les joies et les chagrins
Détachée
Enfin...

3 – RELATIONS, AMITIÉS, AMOUR !

PRÉDESTINÉS ?

Rien ne nous prédestine
Sinon la volonté divine
Te rencontrerai-je à nouveau ?
Retrouverai-je l'amour ?

Ce sont ceux qui m'aiment ou m'ont aimée
Qui m'aident à patienter
En toute bienveillance
Et gardant l'espérance

En cette vie, avant la mort
J'aimerais te regarder, te frôler
Toi le bel inconnu que j'ai croisé

Toi, mon oiseau de liberté
Qui me fais espérer
Esprit et amour

Va, envole-toi
D'autres fais profiter
Car avec moi
Tu ne seras jamais prisonnier...

ÊTRE LIBRE ET AIMER

Perdue en chemin
Je traîne ma peine
J'entrevois mes chaînes
Comment être libre et aimer ?

Je veux surfer dans l'espace
Allumer des lumignons
Faire du bateau à voile
Vers de nouveaux horizons
M'arrimer aux étoiles
Vous rencontrer
Mais repartir
Pour ne pas trop souffrir
Ne pas vous oublier
Mais être libre et aimer...

JE T'AI CHERCHÉ

*J'ai passé ma vie
À te chercher, mon ami
Pour te chérir*

*Mais rien ne nous appartient
Pas même l'amour
Qui s'égrène entre nos mains
Au point du jour*

*Avec toi sur mon chemin
J'imaginerai des lendemains
Toi l'autre, mon ami
Que je retrouve, en poésie...*

MON ROCHER

Où es-tu mon rocher, mon îlot
Mon paradis des mots ?
Près de toi je veux vivre
Et être libre

Les temps vont tout emporter
Le monde passera
Seul le cœur battra, résonnera
De ceux qui se sont aimés

RÊVER

Être dans le quotidien

L'autre
Lui tendre la main

L'aider
À devenir quelqu'un

Aimer
Pour ne pas être rien...

ÉCLAIRCIE

Des sourires qui rendent heureux
Un soleil généreux
Une fraîcheur, une simplicité, une douceur
Dans la chaleur de l'été
Ça peut ressembler au bonheur

Avoir des passions
Un mode d'expression
Avoir une vie, enfin
Qui a un sens au quotidien
Même si elle n'est gravée
Que dans le sable
Pour ne laisser
Qu'un mot affleurer
« Aimer »

L'ÂME SŒUR

Âme, ma sœur Âme
Ne vois-tu rien venir ?
Dans mon cœur, cette flamme
Scintille dans un prisme

Nuancée de lumières
Contrastée de couleurs
De sombres et de clairs

Âme, ma sœur Âme
Cette flamme
Luit discrètement
Passionnément
Illusion mais espérance
Cycle de la vie
À l'infini...

L'ENVOL

Écrits de jeunesse
Reflets de l'âme
Regards de tendresse
Petite flamme

Amours délivrés des contraintes
Où seules quelques étreintes
Tout en douceur
Réchauffent les cœurs

Ne plus attendre, sage
Qu'une porte qui sonne, ou un message
Un regard d'amour
Qui embellit le jour

Un destin passionné
Je l'aurai volé
Pour m'élever
Tel un papillon, léger...

VIE INTÉRIEURE

Vie intérieure
Contrôle des aléas
Du corps et de l'âme
Quand les extrêmes agressent
Le chaud, le froid, les hommes

Garder son calme
Paix et sérénité
Mais sur le fil
Rester en rythme

Ouvrir son esprit
Se tourner vers l'autre
Avoir simplement
Le goût de la vie
Ne pas se lasser
Avoir encore
L'envie d'aimer

LE BAUME

L'amour
Fait danser
Et chanter

Le silence, la fatigue, les soucis
Nous dépassent, nous ennuient

Mais quelqu'un qui sourit
Une pause, un calme, un ami
C'est un baume qui adoucit

AMOUR

L'amour n'a pas qu'un temps
Refleurit au printemps
Au gré des saisons
Et des passions
Jouant sur la harpe des sentiments
Où chuchotent et se déchaînent les vents

Non ce n'est pas facile
L'amour parfois est fragile
Accepter sa diversité
Il devient plus fort
Peut tout traverser
Au-delà de la mort
En liberté...

AMOUR TOUJOURS

Regards échangés
Épaules frôlées
Amour partagé

J'aurais tant aimé
Te dire ces mots
Qui tiennent chaud
Cette joue caressée
Amour partagé...

4 – DIVERS'CITÉS

REVIVRE[6]

Instant de grâce
Tu me souris
Me présentes ta face
Je revis

Instant de paix
Je peux m'asseoir à la table
Lire, écrire, m'occuper
Dans le calme

Bouger, marcher, réfléchir
Regarder, penser, sentir
Profiter du repos donné ;
Après en avoir été privée
Entrevoir la liberté !

La sève de la vie
Une flamme dans le cœur
Le repos de l'âme
Ici, maintenant, et pas ailleurs... !

---

6 Dans *Amitiés*, p. 23.

PÉRIODE BÉNIE[7]

La vie m'a offert une pause
Une période où je réfléchis
Elle donne un temps, je dispose
De ce moment béni

Profiter du printemps
Contempler l'existant
Être à la fois dans le présent
Et hors du temps

Mais il faut revenir
Tous les voyages ont une fin
Afin de repartir
Affronter son destin

Les efforts au quotidien
Les peines et les chagrins
Les joies sur le chemin

Mais plus seule
Avec ceux qui le veulent

---

7 Dans *Amitiés*, p. 33.

La tête dans les étoiles
Les pieds sur terre
Le vent dans les voiles
Quelque part dans l'univers

J'espère rester fidèle
À ceci
La vie peut être belle
Pour qui l'apprécie...

ROBERT

Sur la rive abandonnée
Un homme s'endort
Sa souffrance
Ne supporte nulle offense
Mais son esprit
Traverse la nuit

FIL DE LA VIE

Retrouver le fil de la vie
Les chaleureux partages
Amour traversant les âges
Bonheurs qu'on apprécie

MON ENFANT

À toi, l'enfant que je n'aurai jamais
Que j'aurais chéri grandement
Que j'aurais élevé
Qui aurait été mon combat
Qui aurait changé ma destinée
Que j'aurais aimé
Je te dédie ces quelques mots

Seule je ne suis qu'une petite chose
Qui avance dans la nuit
Et la mélancolie
Suis parfois bien morose
Cherche un sens à ma vie

Mais le sens, je l'ai trouvé
Je me suis mise à parler
À accepter d'être aimée, de partager
Au-delà de la timidité

Il y a tant de choses à défendre
Pour briser les lourds silences
Que le monde engendre

Donner de l'amour et de la joie
Voir au-delà de soi
Ne pas lutter contre des moulins à vent
Mais à bon escient
Avancer
Infiniment aimer
Que ma vie soit la vie
Que j'aurais aimé te donner...

HOMMAGE AUX POÈTES

Poètes intemporels
Descriptions du réel
De rêves irréels

Quelques mots recherchés
Souvenirs partagés
Au gré des saisons
Des sentiments, des sensations
Mélancolie d'amour
Aux vers de velours

Merci pour ces rimes
Aux accents de partout
Partages parfois intimes
Me touchent, je l'avoue...

POÉTESSE DU DIMANCHE

Poétesse du dimanche
Je le suis
Mais du lundi au samedi
C'est une autre paire de manches
Je cours, je vis !

Tant bien que mal
Dans la vie normale
Les mots me manquent, fatiguée
Mais toi aussi
Poésie, mon amie !
J'attends dimanche
Pour enfin te retrouver !

PÊLE-MÊLE

LOÏC

*De ton corps privée pour toujours
Ne reste que le fin papier
D'un cœur pour deux
Le battement d'un amour...*

NAISSANCE DES MOTS

*Poèmes sans rimes
Paroles du cœur
Dans un silence naissent
Prennent chair en lumière
Traversant les nuits*

INSTANT DE GRÂCE

*Un instant de grâce
Suspendu dans le temps
Loin des détresses
Je m'efface derrière un silence*

SOUFFLE SUR MA VIE

Souffle sur ma vie
Enflamme mon cœur
Éclaire mes nuits
J'oublierai les malheurs
Bannirai les ennuis
Aimerai chaque jour
Avec bonheur

DÉSERT

Dans cet espace immense
Qu'est la solitude
J'ai vu les dunes du désert
Danser sous le ciel bleu
Écrasées de soleil

Tu m'as donné de l'eau
Et j'ai bu
Soigné tous mes maux
J'ai survécu

Que ce Dieu du désert
Prenne pitié
Seule ou accompagnée
Je le bénirai

Puis vers les autres retourner
Ressourcée, apaisée
Pour mieux aimer
Et partager

OÙ TU ES

Dans le bruit
Savoir où tu es
Dans le désordre
Savoir te retrouver
Pauvre mais enrichie
De t'avoir dans ma vie

JE NE ME DÉROBERAI PAS

Non, je ne me déroberai pas
Au bonheur qui vient à moi
Inconscient et maladroit
S'il apporte un petit rien à ma vie
Qui construit
Console des amours chagrins
Crée un lien fort d'amitié
Partagé
Mais serein...

INSPIRE-MOI

Inspire-moi les vers de l'amour
Des vers venus d'ailleurs
Ceux de ton cœur

Exprime-moi tes chemins
Je te dirai les miens
Dis-moi tes aspirations et tes passions
Main dans la main nous avancerons

JE NE SUIS PAS IMPORTANTE

Je ne suis pas importante
Légère dans le vent
Qu'un chant dans la nuit
Mon corps s'endormant

Non je ne suis pas importante
Sauf dans les bras que tu me tends
Où tout s'arrête pour un moment
Mon ami

Non je ne suis pas importante
Que dans les yeux de mes amis
Et quand je réagis
À point et avec amour
Pour tous ceux qui m'entourent

À DUNE

Vivre
N'avoir pour avenir
Que de recommencer
Et inventer

S'inventer un avenir
Et tenir
Grâce à des sourires
Et des souvenirs

Avec des sourires d'enfants
Guérir les blessures
Oublier les affronts
Croire dans le futur

À DUNE (Suite)

... Et quand tu repartiras
Loin de moi
Ne m'oublie pas

N'oublie pas le sourire
Que je te tends
Pour que tu puisses tenir bon
À certains moments

Puisses-tu retenir
Ces souvenirs, ces sourires, ces rires
Légers
Petit héritage dans la vie
Pour avancer...

ÉCRIRE

Écrire pour être moins seule
Écrire pour parler à ce peuple d'âmes
Poètes qui comprennent et voguent
Sur les vagues du spleen
De la vie et des combats

Écrire pour ne pas oublier
Que nous nous sommes aimés...

À PAUL ET GABRIELLE

À toi, mon amie éprouvée
D'une manière que je n'aurais jamais imaginée
Dans ton cœur et dans ta chair

Crois en la lumière
Celle du bout de la nuit
Où ton fils s'éveillera à une nouvelle vie

J'aimerais te soutenir
De près ou de loin
Tant que tu en auras besoin
Être là pour toi
Tant que tu le voudras

Moi, je crois en l'esprit
Qui nous maintient en vie
La solidarité, la vraie
Celle qui va nous sauver
Et nous permet d'aimer
Sans compter...

LE CREDO D'UNE MÈRE
(Gabrielle d'Hervilly)

Je crois en la pensée positive
À la caresse des mots
Sur ta peau
Je crois au chuchotement des mots d'amour
À ceux d'une mère qui cherche à réveiller son fils
D'un sommeil trop lourd

Je crois en la vie
À tes rires d'enfant
À tes bêtises
À ton humour

Je crois en la force infaillible de nos liens
Par-delà le temps et l'espace
Par-dessus tout
Je crois en toi

À PAUL
(Gabrielle d'Hervilly)

Tu es né au crépuscule
Un jour d'hiver bleu
Aujourd'hui est un jour blanc
De neige et d'espérance
Le jour de tes dix-huit ans

ESPÉRANCE

L'espérance indomptable d'une vie
Plus forte que les épreuves
L'amour rebelle
Équipé pour lutter

Savoir accepter aussi
D'être soutenu, aidé
Dans les épreuves, l'adversité
Avoir ce courage, le seul
Qui fait vivre
Aimer et avancer

POÉSIE, MON AMIE

Je t'avais toi, poésie, mon amie
Puis tu es apparu toi aussi
Tu prends ta place dans ma vie
Tu la fais exister, tu l'emplis

Mais toi aussi
Poésie, mon amie
J'ai besoin de tes vers
Dans mon univers
De ta présence
Tu es l'Essence

Vers toi, je tends les mains
Dieu du monde et des humains
Pour offrir mon inspiration
Aux amours, aux amis, à la vie
Aux épreuves et aux passions

RENCONTRE

Ce soir, je n'ai plus de mélancolie
Tu m'emplis de ta présence
Tu m'apportes ton amour
Je le partage en retour
Plus seuls dans ce sentiment
Que nous nous donnons patiemment

Entre bonheur et drame
Entre joies et peines
Je veux suivre ma voie
Mais plus seuls
Portés pour avancer et aimer
Traverser les épreuves
Instinct de Vie

À MON AMI

J'ai tellement aspiré
À te rencontrer
À être auprès de toi
À t'aimer

Tu apparais
Simple, décontracté, comblé
Que ma vie soit ta vie
Et la tienne, à moi
J'en suis même étonnée
Je me sens aimée...

À mes chers amis...

OUVRAGES DU MÊME AUTEUR

- *Amitiés, éditions La Bruyère, 37 pages, 1ᵉʳ trimestre 2018*
- *Nouvelle Vie, Poésie..., éditions du Puits du Roulle, 46 pages, 2ᵉ trimestre 2018*
- *Divers'Cités, éditions La Bruyère, 66 pages, 4ᵉ trimestre 2018*

Table des matières

Préface   5

1 – SAISONS, NATURE ET ANIMAUX   7
    JOUR ET NUIT EN ÉTÉ   9
    ÉTÉ   10
    AUTOMNE   11
    CIEL D'HIVER   12
    LUMIÈRES D'HIVER   13
    REVOICI LE PRINTEMPS   14
    CHAT MON AMI   16
    AU CREUX DE MOI   18
    MA MIMIE   19

2 – TABLEAUX POÉTIQUES   21
    L'ÉTOILE   23
    SILENCE   24
    CHANTS D'OISEAUX   25
    LE VOL DES OISEAUX   26
    CHEMIN FLEURI   27
    LA VIE   29
    UN RAYON DE SOLEIL   30
    LUMIÈRES BLANCHES   31

3 – RELATIONS, AMITIÉS, AMOUR !   33
    ÊTRE LIBRE ET AIMER   36
    JE T'AI CHERCHÉ   37

MON ROCHER	*38*
ÉCLAIRCIE	*40*
L'ÂME SŒUR	*41*
L'ENVOL	*42*
VIE INTÉRIEURE	*43*
LE BAUME	*44*
AMOUR	*45*
AMOUR TOUJOURS	*46*
4 – DIVERS'CITÉS	*49*
REVIVRE	*51*
PÉRIODE BÉNIE	*52*
ROBERT	*54*
FIL DE LA VIE	*56*
MON ENFANT	*57*
HOMMAGE AUX POÈTES	*59*
POÉTESSE DU DIMANCHE	*60*
PÊLE-MÊLE	*61*
SOUFFLE SUR MA VIE	*62*
DÉSERT	*63*
OÙ TU ES	*64*
JE NE ME DÉROBERAI PAS	*65*
INSPIRE-MOI	*66*
JE NE SUIS PAS IMPORTANTE	*67*
À DUNE	*68*
À DUNE (Suite)	*69*
ÉCRIRE	*71*
À PAUL ET GABRIELLE	*72*

LE CREDO D'UNE MÈRE (Gabrielle d'Hervilly)	*73*
À PAUL (Gabrielle d'Hervilly)	*74*
ESPÉRANCE	*75*
POÉSIE, MON AMIE	*76*
RENCONTRE	*77*
À MON AMI	*78*
OUVRAGES DU MÊME AUTEUR	*80*